SR. YVONNE SCHENKER

# GLAUBE HEUTE

EIN WEG ZUR ERFÜLLUNG

SR. YVONNE SCHENKER

# GLAUBE HEUTE

EIN WEG ZUR ERFÜLLUNG

Die Bibelverse sind folgender Übersetzung entnommen:
Einheitsübersetzung der Heiligen Schrift
© 2017 Verlag Katholisches Bibelwerk GmbH, Stuttgart

Bibliografische Information der Deutschen Nationalbibliothek:
Die Deutsche Nationalbibliothek verzeichnet diese Publikation in der Deutschen
Nationalbibliografie; detaillierte bibliografische Daten sind im Internet über
http://dnb.dnb.de abrufbar.

© 2023 Sr.Yvonne Schenker
Herstellung und Verlag: BoD – Books on Demand, Norderstedt

ISBN: 9783756828975

# INHALT

# DIE SINNFRAGE

Am Anfang steht die Frage nach dem Sinn meines Lebens.
Vielleicht stehe ich gerade an einem Wendepunkt, habe
mich in eine Idee verrannt, die nicht realisierbar war.
Vielleicht spüre ich, dass ich eine neue Ausrichtung brauche.
Vielleicht stehe ich vor einer wichtigen Entscheidung.
Vielleicht habe ich einen lieben Menschen verloren.
Es gibt zahlreiche Gründe, die uns dazu bringen können, alles
zu hinterfragen und unsere Lebensplanung zu überdenken.
Die Frage nach dem Sinn meines Lebens ist ein Boxenstopp
im Streben nach persönlicher Weiterentwicklung.

In einer lauten, immer schneller werdenden Welt hören wir
viele Stimmen, die uns locken. Wir können in verschiedenste
Richtungen gehen, rennen, uns verlaufen. Wir können uns
für eine Karriere entscheiden, Vermögen oder Besitz mehren,
eine Familie gründen, Hobbys pflegen, die Welt bereisen
oder planlos Vergnügungen nachjagen. Ohne Orientierung
und klare Ziele verlieren wir uns im Meer der Möglichkeiten.
Bestimmen wir, wie unsere Zukunft aussehen soll, damit
nicht die Welt unser Leben bestimmt und wir hin- und her-
getrieben werden.

Die Entscheidung, wohin wir steuern, was uns wichtig ist,
woran wir unser Herz hängen und wofür wir uns einsetzen,
kann uns niemand abnehmen. Diese Entscheidung bestimmt
maßgeblich unser Lebenstempo und die Art, wie wir mit uns
selbst und unseren Nächsten umgehen werden. Was unsere
Gedanken bestimmt, woran wir unser Herz hängen und was
wir anbeten, das ist unser Gott.

# DU SOLLST NEBEN MIR KEINE ANDEREN GÖTTER HABEN.

5. MOSE 5, 7

# DEN GLAUBEN ENTDECKEN

Oberflächlichkeit und Gleichgültigkeit sind weit verbreitete Lebenshaltungen. Viele Menschen sind süchtig, maßlos, dauernd gestresst, überreizt. Sie bemerken nicht, wie kräftezehrend und gesundheitsschädigend ihr Leben ist. Sie packen in ihren Alltag so viel hinein, dass keine Zeit bleibt, um sich um das eigene Wohl zu kümmern. Heute hier und morgen da: In rastlosem Aktionismus bleibt ihre Seele auf der Strecke und kommt nicht zur Ruhe. Hier muss die Notbremse gezogen und das Tempo gedrosselt werden. Dadurch lässt sich die Qualität und Intensität des Erlebten steigern; Körper und Seele haben die Möglichkeit, alle Eindrücke zu verarbeiten und Gefühle zu empfinden. Dadurch gewinnt das Leben an Tiefe, an Lebendigkeit.

Wem der Glaube von den Eltern mit auf den Weg gegeben wurde, darf sich glücklich schätzen. Er ist ein Kompass, der in guten und schlechten Zeiten präzis die Richtung weist.
Wer zuerst zum Glauben finden muss, hat es schwerer. Es gibt mehr, als wir sehen können. Es gibt Erlebnisse, die nicht mit dem Verstand zu erklären sind. Es gibt die göttliche Ordnung hinter allem, was passiert. Vielleicht spüren wir eine innere Berührung, wenn wir uns Zeit nehmen, bewusst und achtsam leben, wach und offen sind für das, was uns der Moment mitteilen möchte. Ganz im Hier und Jetzt zu leben, lässt uns Gottes unscheinbare Spuren entdecken. Damit Sinnsuchende Gott finden, brauchen wir Räume, die Schönheit ausstrahlen, Orte, wo Gott erfahrbar ist, wo die Seele aufatmen und der Mensch zur Ruhe kommen kann. Auch die Musik kann die Sehnsucht nach dem Höchsten wecken. Das Lesen in der Bibel und in christlichen Schriften ist eine Ermunterung zur Transzendenz. Wir brauchen Gläubige, die von ihrer Hoffnung erzählen, zuhören können und Gottes Liebesgebot im Alltag vorleben.

WER GLAUBEN KANN, BESITZT
EINE KRAFTVOLLE, INNERE STÜTZE.

GOTTES GEIST HAT MICH
ERSCHAFFEN, DER ATEM
DES ALLMÄCHTIGEN MIR
DAS LEBEN GEGEBEN.

IJOB 33, 4

# MEIN WEG

Aller Anfang ist schwer. Gott wartet darauf, entdeckt zu werden, jeden Menschen seiner Bestimmung zuzuführen und ihm seine Liebe zu zeigen. Meine Fragen nach einem Leben nach dem Tod kann mir der Glaube beantworten. Der Glaube nährt meine Hoffnung auf Gerechtigkeit. Er begleitet mich auf dem Weg zum Guten, Schönen, Wahren und zur reinen, bedingungslosen Liebe. Der Glaube ist Halt, Stütze, Orientierung und Sicherheit in einer unbeständigen Welt. Der Glaube kennt meinen persönlichen Weg nicht, aber er zeigt mir die Richtung zu Gott. Gott schreibt mit mir meine eigene Geschichte.

Wer schon als Kind mit dem Glauben auf Lebensreise gehen darf, muss seinem Glauben Sorge tragen, denn im Trubel des Alltags kann er verloren gehen. Wer ihn im Laufe des Lebens entdeckt, wird sich ihm zaghaft nähern. Lohnt es sich, Gott zu suchen? Wird Gott mir eine Hilfe sein? Kann er meine Einsamkeit verjagen? Liebt er mich wirklich – über den Tod hinaus?

Mein Weg zu Gott ist einzigartig und spannend. Ich brauche Beharrlichkeit, Disziplin, Geduld und viel Durchhaltewillen. Ich muss mit kleinen Veränderungen zufrieden sein und darf keine Wunder erwarten. Mit Achtsamkeit und einer sensibilisierten Wahrnehmung werde ich selbst kleinste Schritte der Annäherung erkennen können.
Mein Weg mit Gott ist eine Geschichte des Segens.

# VISION
# ODER GLAUBE

Wenn unsere Tätigkeiten einen Sinn ergeben, sind
wir motiviert, sie zu tun. Aufgrund dieser Erkenntnis
verfallen wir vielleicht der Idee, dass wir nur eine Vision
brauchen, die wir dann verwirklichen müssen, um
Erfüllung zu erlangen. Einfacher gesagt: Ich plane
meine Zukunft selbst; es geht auch ohne Gott. Was,
wenn äußere Einflüsse verhindern, dass ich meine
Vision leben kann? Was, wenn das, was in meinem
Kopf gereift ist, sich nicht realisieren lässt?

Der Glaube ist mehr als eine Vision des Himmelreiches.
Er beinhaltet Abstürze, Durststrecken, Verzweiflung.
Er weckt Hoffnung, drängt zur Liebe und ist auf ein Ziel
gerichtet, das jenseits dieser Welt verortet ist. Er ist
nicht Vertrauen in meine beschränkten menschlichen
Fähigkeiten, sondern ein Bündnis mit dem Schöpfer
und Vollender der Welt. Glaube ist weit mehr als nur
Geborgenheit und Schutz. Er beinhaltet Werke. Er ist
keine Vision, kein Luftschloss, sondern eine Landkarte,
damit ich mich nicht in meinen Vorstellungen und im
Kosmos verliere, sondern gradlinig zu Gott finde.

DIES EINE ABER, GELIEBTE, SOLL EUCH NICHT VERBORGEN BLEIBEN, DASS BEIM HERRN EIN TAG WIE TAUSEND JAHRE UND TAUSEND JAHRE WIE EIN TAG SIND.

2. PETRUS 3, 8

# RELIGION

In eine religiöse Familie hineingeboren, werden wir von Kindesbeinen an in religiöse Riten einbezogen, hören religiöse Geschichten, werden dazu aufgefordert, uns an die Gebote zu halten. Alles, was sich um uns herum ereignet, wird in einen größeren Zusammenhang gestellt, mit dem Wirken Gottes begründet und zu erklären versucht. So wachsen wir mit einer klaren Orientierung auf. Dieses Urvertrauen in den Schöpfer geht nie völlig verloren. Selbst wenn viele Menschen als Jugendliche mit Glauben und Religion nichts mehr anfangen können, bleibt die innere Sehnsucht nach Geborgenheit in einer göttlichen Gegenwart. Vorübergehend verunsichert, finden sie später leichter zum Glauben zurück, da sie religiös aufgewachsen sind. Es ist völlig in Ordnung, wenn wir unseren Glauben hinterfragen und prüfen, ob er auch tragfähig ist.

Religion gibt unserem Glauben einen Rahmen. Nicht wenige halten am Glauben an Gott fest, stellen aber die Lehre der kirchlichen Tradition in Frage. Wir müssen nicht in allen Punkten mit den Haltungen der Kirche übereinstimmen. Ohne dass in der Kirche der Heilige Geist weht, bleibt sie ein frommer, lebloser Verein. Mit unserem Engagement können wir dazu beitragen, dass die Kirche besser wird: authentischer, toleranter, liebender. Ein Bekenntnis zur Ortskirche und die Teilnahme an den Gottesdiensten ist mehr als ein Akt gelebter Demut.

ÖKUMENE IST NICHT
MIT VERHANDELN
REALISIERBAR,
SONDERN NUR
MIT DEM HERZEN.

# NEUER PSALM 1

Wenn ich erwache, bist du schon da, *
nimmst mich aus den Träumen in Empfang.
 Du gibst mich niemals auf, *
 in diesem Vertrauen beginne ich den Tag.
Was aus deinen Händen kommt, ist gut, *
sollen Sorgen meinen Tag vergiften?
 Im Traum konnte ich über Berge schreiten, *
 frei und fröhlich, von Licht umhüllt.
Du, Herr, erhellst alle Finsternis; *
lass dies heute Wirklichkeit sein.
 Keiner kennt mein Wesen so wie du. *
 Bei dir darf ich sein, wie ich bin, noch unvollkommen.
Aus Gnade hast du mich mit Stärken bedacht, *
meine Schwächen bleiben dir aber nicht verborgen.
 So führst du mich Schritt für Schritt *
 und mit deiner Hilfe kann der Tag gelingen.
Du hältst meine Hand fest und gibst mir Halt. *
Ich weiß, du lässt mich niemals los.
 So will ich in deinen Spuren gehen, *
 mit deinem Beistand Gutes tun.
Eine Straße der Geschwisterlichkeit will ich bauen, *
Wälle der Gleichgültigkeit reiße ich nieder.
 Deine Stimme ruft mir zu: *
 „Bau eine Straße des Friedens!"
Sollte ich straucheln, richtest du mich wieder auf; *
wenn ich fehle, verzeihst du mir mit väterlicher Liebe.
 Ehre sei dem Vater und dem Sohn *
 und dem Heiligen Geist;
wie im Anfang, so auch jetzt und alle Zeit *
und in Ewigkeit. Amen.

# NEUER PSALM 2

Dein Licht geht auf über diesem neuen Tag *
und erhellt mein Gemüt.
    Den Träumen enthoben stehe ich nun vor dir. *
    Ich will mich der Wirklichkeit stellen.
Dein Licht bringt Steine zum Leben *
und segnet mein Tagwerk.
    Dein Licht lässt Vergangenes im Schatten stehn *
    und befähigt mich zu neuen Schritten.
Als dein Gehilfe sende mich nun aus, *
zu einem wahren Christen forme mich.
    Wie die Sonne alle Farben zum Vorschein bringt *
    und das Leben bunt und lebendig macht,
lass deine Güte durch mich wirken, *
damit ich die Seelen der Menschen erreiche.
    Dein Licht vertreibt meine Angst, zu versagen, *
    und gibt mir Entschlossenheit.
Dein Licht sprengt meine Zweifel *
und macht mich frei für deinen Dienst.
    Alle mögen erkennen, dass du allein mich nährst *
    und meine Hoffnung in dir gründet.
Sei meine Kraft, falls Schweres auf mich wartet, *
du, Herr, treuer Gefährte in Freud und Leid.
    Sei mir ein Licht in hellen und in dunklen Zeiten, *
    und lass auch mich für andere ein Licht sein.
Dein Licht dringe in die tiefsten Winkel, *
damit die ganze Welt deine Liebe spürt.
    Ehre sei dem Vater und dem Sohn *
    und dem Heiligen Geist;
wie im Anfang, so auch jetzt und alle Zeit *
und in Ewigkeit. Amen.

# URSÜNDE

Die Welt hat sich in der Ursünde gemütlich eingerichtet: sein wollen wie Gott. Viele überschätzen ihre Möglichkeiten und glauben, durch Bewusstseinserweiterung die Wahrheit zu entdecken und Weisheit zu erlangen. Von Größenwahn erfasst, meinen sie, eine perfekte Welt erschaffen zu können. In ihrer Vorstellung brauchen sie keinen Erlöser, schaffen alles allein.

Wieder andere lieben die Bequemlichkeit und wollen möglichst wenig Veränderung. Sie vertagen ihre Gottsuche, beschäftigen sich nicht mit der Sinnfrage. Sie glauben an Reinkarnation, welche sich nicht mit der christlichen Religion vereinbaren lässt.
Ist es Feigheit, die eigenen Abgründe anzuschauen, Buße zu tun und Gott um Verzeihung zu bitten? Ist es die Angst, etwas Neues, Größeres zu entdecken, das wir nicht wirklich verstehen können? Ist es Scham, Gott in die Augen zu schauen? Wer immer wieder in neue Leben flüchten möchte, ist nicht bereit, Christus als Weg zu akzeptieren.

Weder die geistige Welt noch dubiose Praktiken führen zur Vollkommenheit. Christus allein ist das Tor. Es gibt keinen anderen Weg zum Vater im Himmel.

ICH BIN DIE TÜR; WER DURCH MICH
HINEINGEHT, WIRD GERETTET WERDEN;
ER WIRD EIN- UND AUSGEHEN UND
WEIDE FINDEN.

JOHANNES 10, 9

WENN DU GOTT SUCHST UND ALLES AUS LIEBE TUST, KANNST DU IHN NICHT VERFEHLEN.

# EIN SCHRITT
# IM VERTRAUEN

Eigentlich ist es tröstlich, zu wissen, dass die meisten Menschen, selbst sehr religiöse, immer wieder von Zweifeln geplagt werden. Manchmal ist es bloße Ungeduld, dann wieder Hader mit dem Schicksal oder die Enttäuschung über Bitten, die Gott uns nicht erfüllt hat. Wenn es mir gelingt, mein ganzes Leben in Gottes Hände zu legen und mich von ihm führen zu lassen, werde ich mit der Zeit ruhiger und gelassener.
Trotz allem aber bleibt das Leben ein Kampf, ein Sehnen nach Frieden, bis zum Heimgang zum Vater. Das Leben ist ein anstrengender Prozess, ein Werden, dessen Herausforderungen wir nicht voraussehen können.

Gott ist immer da. Er wird mir entgegengehen, doch den entscheidenden Schritt in eine Beziehung zu ihm muss ich im Vertrauen selbst tun. Er zwingt mich nicht dazu, mich auf ihn einzulassen. Er übt keinen Druck auf mich aus und preist sich nicht an. Er wartet, bis ich von Sehnsucht gedrängt meine leere Seele für ihn öffne. Die Entscheidung für diese Orientierung braucht Mut – den Mut, sich auf Gottes Pläne mit mir einzulassen.

FÜR JETZT BLEIBEN GLAUBE, HOFFNUNG, LIEBE, DIESE DREI; DOCH AM GRÖSSTEN UNTER IHNEN IST DIE LIEBE.

1. KORINTHER 13, 13

# HOFFNUNG

Die Hoffnung ist nicht abhängig von der Religion an sich, von meinem Glauben und meiner persönlichen Einstellung. Sie ist als treibende Kraft in jedem Menschen angelegt. Hoffnung ist lebensrettend.

Ohne sie würden wir in Leid und Not nicht die Kraft zum Durchhalten und nach Tiefschlägen nicht den Mut zu einem Neuanfang finden. Hoffnung gründet in einem Ahnen und Vertrauen, dass es immer wieder einen Weg aus dem Elend gibt. Sie ist mehr als nur positives Denken und sie stirbt immer als Allerletztes.

Wir Christen hoffen darauf, dass Gott uns die Angst nimmt vor der Sinnlosigkeit des Daseins, vor dem Alleinsein, vor Menschen, die uns Böses wollen, vor Schmerzen, Leid und Tod. Wir hoffen, dass Gott in den schweren Stunden unseres Lebens da ist – spürbar da ist – uns trägt und unser Leiden erträglicher macht. Wir hoffen und vertrauen darauf, dass sich letztlich alles zum Guten wenden wird.

DURCH DEN GLAUBEN WOHNE
CHRISTUS IN EUREN HERZEN. IN DER
LIEBE VERWURZELT UND AUF SIE
GEGRÜNDET. SO SOLLT IHR MIT ALLEN
HEILIGEN DAZU FÄHIG SEIN, DIE
LÄNGE UND BREITE, DIE HÖHE UND
TIEFE ZU ERMESSEN UND DIE LIEBE
CHRISTI ZU ERKENNEN, DIE ALLE
ERKENNTNIS ÜBERSTEIGT. SO WERDET
IHR ERFÜLLT WERDEN IN DIE GANZE
FÜLLE GOTTES HINEIN.

EPHESER 3, 17-19

# GLAUBE IST…

Der Glaube muss gepflegt werden, damit er nicht verloren geht. Glaube ist Heimat, doch er ruft auch heraus aus der Sicherheit. Durch den Glauben begebe ich mich in die Dunkelheit und traue der Verheißung Gottes, auch wenn sie sich zu meiner Lebenszeit nicht erfüllt. Der Glaube befreit und ermöglicht einen hoffnungsvollen Blick nach oben und einen mutigen Blick nach vorn. Er stellt alles in einen großen Zusammenhang, den ich noch nicht verstehen kann.

Der Glaube verlangt, dass ich mit wachen Augen die Realität akzeptiere. Es geht nicht um Selbsttäuschung, denn der Glaube ist keine rosarote Brille, durch die ich die Welt als Paradies sehe, doch er kann die Welt verändern. Der Glaube macht offen für die Gnade Gottes und führt schließlich zum Christsein, zu wahrer Menschwerdung.

Der Glaube liefert mir Koordinaten, an welchen ich das Leben messen und beurteilen kann. So kann ich meine Erfahrungen einordnen, sie festhalten. Mein Leben gewinnt an Tiefe. Der Glaube wirkt gegen Verunsicherung, Pessimismus, Panik und Weltuntergangsstimmung. Er bestärkt, richtet mich wieder auf und sorgt für klare Gedanken. Dadurch ist er ein Werkzeug, um im Alltag zu bestehen und das Heil zu finden. Mit Glauben ausgerüstet, kann ich über Stolpersteine gehen, Wüsten durchqueren, durch Tunnel kriechen, dem Licht entgegeneilen und sogar die Todesgrenze durchbrechen.

Der Glaube ist die gemeinsame Sprache aller Christen. Im Angelpunkt steht Christus. Der Glaube öffnet das Auge für Wunder. Er ist die Tür, die das Unvorstellbare hereinlässt.

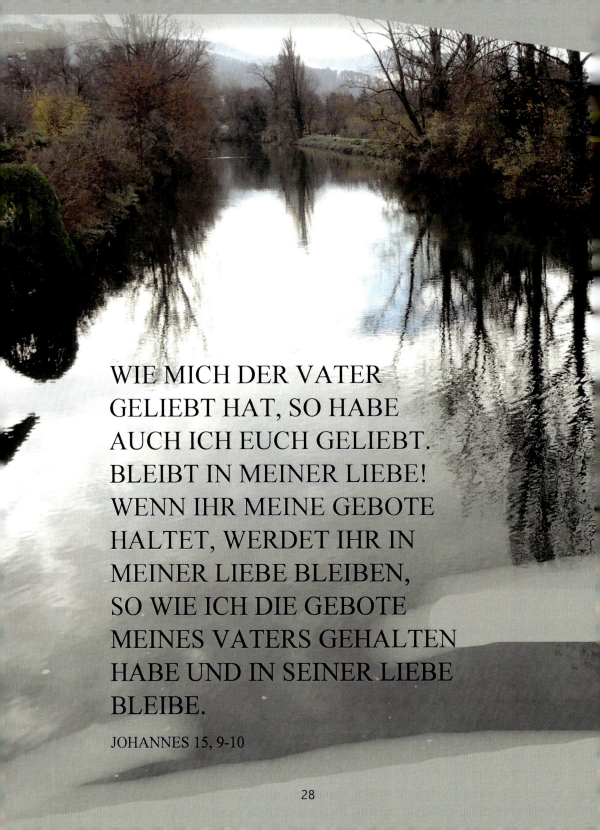

WIE MICH DER VATER
GELIEBT HAT, SO HABE
AUCH ICH EUCH GELIEBT.
BLEIBT IN MEINER LIEBE!
WENN IHR MEINE GEBOTE
HALTET, WERDET IHR IN
MEINER LIEBE BLEIBEN,
SO WIE ICH DIE GEBOTE
MEINES VATERS GEHALTEN
HABE UND IN SEINER LIEBE
BLEIBE.

JOHANNES 15, 9-10

# LIEBE

Die Liebe braucht Zeit zum Reifen. Wir können nur lieben – Gott, uns selbst und unsere Mitmenschen –, weil Gott uns zuerst geliebt hat. Die Liebe eint und verbindet alle und alles. Gott liebt uns, ohne es uns zu sagen. Liebe braucht keine Worte. Wir spüren sie, ohne dass uns jemand sagt, dass er uns liebt. Worte können die Unwahrheit sagen, die Liebe hingegen lügt nie.

Die Liebe ist der göttliche Same in unseren Herzen. Selbst unter dem Schutt zerstörerischer Gesinnung, einer negativen Grundhaltung und böser Taten liegt in jedem menschlichen Herzen etwas Liebe begraben. Indem wir uns öffnen für die Eingebungen des Heiligen Geistes, kann diese Liebe in uns im Laufe der Jahre wachsen und vielfältigste Frucht bringen. Jeder Mensch sehnt sich nach Liebe und somit nach Gott, auch wenn er sich dessen gar nicht bewusst ist. Die Liebe in uns vergeht nie. Sie sucht stets die Vereinigung mit ihrem Schöpfer und kommt erst zur Ruhe, wenn sie ihn gefunden hat. Die Liebe wirkt wie ein Magnet. Sie will sich aufopfern, verbinden, verbrennen.

Lieben ist wie eine innige Umarmung. Lieben ist keine Tätigkeit, sondern ein Gefühl, eine wortlose Aktion. Was wir lieben, möchten wir umarmen. Gott liebt uns alle. Er will uns umarmen. Seine Liebe flutet das ganze All. Sie ist zeitlos, ewig. Sie läutert alles und macht es rein. Die Liebe ist die Sprache Gottes, die nicht von seinem Mund zu meinem Ohr geht, sondern von seinem Herzen zu meinem. Liebe ist alles, deshalb genügt Gott allein.

# NEUER PSALM 3

*Mein Gott, bei dir finde ich Zuflucht. ***
*Vater, rette mich vor bösen Menschen.*
　*Sie bekämpfen mich wie einen Feind, ***
　*obwohl ich ihnen gut gesinnt bin.*
*Öffne ihr verstocktes Herz, ***
*damit sie erkennen, dass ich ehrlich bin.*
　*Das ist, was ich mir wünsche: ***
　*ein kleines Stückchen Paradies.*
*Nationen loben dich als ihren Gott ***
*und leben aus deiner Güte und Liebe.*
　*Vater, hilf uns auf, rette deine Welt. ***
　*Ohne deinen Segen gelingt uns nichts.*
*Vereine uns über Grenzen hinweg, ***
*lass uns eine gemeinsame Sprache finden.*
　*Deine Weisheit ist lauter und rein. ***
　*Sie treibt uns an, dir zu gefallen.*
*Der selbstsüchtige Mensch ist hart und übellaunig. ***
*Der Weise aber ist freundlich und barmherzig.*
　*Unaufhaltsam wächst er in der Einsicht ***
　*und lässt sich von dir leiten.*
*Deine Weisheit hat keine Hintergedanken ***
*und verfolgt keine geheimen Strategien.*
　*Sie ist schlicht, einfach und gerade. ***
　*Sie hasst alle unlauteren Tricks.*
*Hilf mir, mich nicht wichtig zu nehmen ***
*und in der Liebe und Weisheit zu wachsen.*
　*Ehre sei dem Vater und dem Sohn ***
　*und dem Heiligen Geist;*
*wie im Anfang, so auch jetzt und alle Zeit ***
*und in Ewigkeit. Amen.*

# NEUER PSALM 4

Ach, Jesus, wie schwer ist es doch, *
tagtäglich ein guter Tempel zu sein!
    Oft werde ich hin- und hergerissen *
    in den Stürmen des Alltags.
Ich werde gebeutelt von Sorgen, *
obwohl ich ganz vertrauen will.
    Soll ich warten oder handeln? *
    Wird sich alles reimen ohne mein Dazutun?
Ich halte meinen Körper in Zucht und rein, *
sodass ich zu deinem Altar schreiten darf.
    Vor dir kniend will ich deiner Wunder gedenken *
    und mich darüber freuen, Christ zu sein.
Wie mag ich die Kirche, dein irdisches Haus. *
Ach, würden doch alle Menschen dich hier suchen!
    Sieh mich an und zähle mich zu den Deinen. *
    Gib meinem Glauben Bestand und Kraft.
Wenn auch die Gleichgültigkeit zunimmt *
und viele nicht mehr nach dir fragen,
    möchte ich keine Sekunde deinen Beistand missen. *
    Ohne deine beständige Hilfe wäre ich verloren.
Sei mir stets gnädig, auch wenn ich sündige *
und rechne mir Unwissenheit und Fehler nicht an.
    Du bist der Weg, die Wahrheit und das Leben. *
    Durch dich gelangen wir zum Vater,
als Erlöste, nicht mehr Sklaven, *
zum ewigen Leben in deiner Herrlichkeit.
    Ehre sei dem Vater und dem Sohn *
    und dem Heiligen Geist;
wie im Anfang, so auch jetzt und alle Zeit *
und in Ewigkeit. Amen.

# DER SEELE
# SEHNSUCHT STILLEN

Wir wurden erschaffen, um zu lieben. Da wir von Gott geliebt werden, können wir diese Liebe erwidern. Unsere Seele hat Sehnsucht nach der Liebe. Diese Sehnsucht können wir stillen, wenn wir beten. Gott füllt die leere Schale unseres Herzens mit Liebe, wenn wir ihn darum bitten. Die Liebe lässt unsere Seele aufatmen, erfüllt sie mit Schönheit. Wenn wir die Liebe Gottes in uns entdecken und wir Gott auch lieben, erfüllen wir das Gebot, welches Jesus uns gegeben hat. Mit der empfangenen Liebe können wir auch die Menschen um uns herum lieben.

Je größer unsere Liebe ist, desto mehr haben wir Verlangen danach, dass alle Menschen gerettet werden. Bedingungslose, vollkommene Liebe schaut nicht auf die Taten der Menschen; sie hat in sich die Gnade eingeschlossen. Liebe hat sogar die Kraft, Böses in Gutes zu verwandeln, denn sie ist wie das Licht, das die Dunkelheit erleuchtet.

Dunkelheit hat keinen Bestand. Solange wir uns besser fühlen als alle anderen Sünder um uns herum, solange beherrscht uns Hochmut und unsere Liebe ist noch nicht vollkommen. Nur ein demütiges Herz ist offen genug, um sich von der Liebe ganz durchdringen zu lassen. Letztlich verzichten wir sogar gerne auf den freien Willen, um uns ganz in Gott zu verlieren und ewig mit ihm zusammen zu sein.

GOTT ABER ERWEIST SEINE LIEBE ZU UNS DARIN, DASS CHRISTUS FÜR UNS GESTORBEN IST, ALS WIR NOCH SÜNDER WAREN.

RÖMER 5, 8

GOTTES ALLMACHT UND DAS AUSMASS
SEINER LIEBE ÜBERSTEIGT BEI WEITEM
UNSERE VORSTELLUNG DAVON.

# DIE BIBEL VERSTEHEN

Die Bibel erzählt die Geschichte der menschgewordenen Liebe Gottes. Sie spricht von einem neuen Geist, einer neuen Welt. Durch die Bibel spricht Gott zu mir. Den Inhalt der Bibel kann ich in einem großen Bogen verstehen, ohne mich in Details zu verlieren und ohne Dinge hineinzuinterpretieren, die ich gerne hören möchte. Ich werde nie alles verstehen und sollte deshalb nicht daran verzweifeln. Vieles ist nicht klar beschrieben, gibt mir Rätsel auf und erzeugt eine Spannung bei mir. Ich darf Gott darum bitten, dass er mir Einsicht schenkt, wenn ich einen Text für mein Leben deuten möchte. Da Gott auch der Wortlose ist, kann die Bibel nicht alles beschreiben. Die Bibel kann historisch oder symbolisch sein; sie ist heilig und wahr. Jede echte christliche Lehre lässt sich am Leben Jesu rechtfertigen.

Die Bibel erzählt davon, dass Gott gut ist und mit jedem Menschen einen Bund eingehen will. Als Krone der Schöpfung hat Gott mich mit einem freien Willen und Würde erschaffen. Ich darf mich für oder gegen ihn entscheiden.

Die Bibel erzählt vom Jüngsten Gericht und verheißt uns eine neue Erde und einen neuen Himmel. Der Glaube an Jesus Christus ist die Grundvoraussetzung für ewiges Leben, für ewige Verbundenheit mit Gott.

ER WIRD ALLE TRÄNEN VON IHREN
AUGEN ABWISCHEN: DER TOD
WIRD NICHT MEHR SEIN, KEINE
TRAUER, KEINE KLAGE, KEINE
MÜHSAL. DENN WAS FRÜHER
WAR, IST VERGANGEN.

OFFENBARUNG 21, 4

# ALLES VEREINT

Wir können die Bibel wie Schuhe anziehen, um mit ihr den Lebensweg zu beschreiten. Sie gibt uns Halt und schützt uns vor Steinen auf dem Weg. Menschen, welche die Bibel nicht kennen, können auch barfuß gehen. In den Fußspuren von Jesus laufen wir durch gute und schlechte Zeiten vertrauend und glaubend dem Vater im Himmel entgegengehen. Wer sein Kreuz auf sich nimmt und als wahrhaftiger Mensch ein gottgefälliges Leben führt, wird gerettet. Am Ende des Lebens werden wir an unserer Liebe gemessen. Der Heilige Geist kennt den Weg zum Heil und zur Ewigkeit. Er wird uns sicher führen, wenn wir uns von ihm leiten lassen.

Wir dürfen davon ausgehen, dass Gott keinen Menschen endgültig verloren und der Verdammnis übergeben will, denn Liebe trachtet danach, alles in sich zu vereinen. Jesus ist der gute Hirt, der das verlorene Schaf sucht, bis er es gefunden hat. Oder würde eine liebende Mutter ihr abtrünniges Kind je verloren geben? Sie würde es suchen und alles daransetzen, es zurückzugewinnen. Wie könnte sie sich mit den anderen Kindern freuen und ihr verlorenes Kind vergessen? Ihr liebendes Herz würde vor Schmerz zerbersten und nicht zur Ruhe kommen. Wie viel mehr wird Gott jede verlorene Seele suchen!
Solange noch Böses und Gottloses existiert und noch nicht alles Sein von göttlicher Liebe durchtränkt ist, hat die Schöpfung den Zustand ewiger Glückseligkeit noch nicht erreicht. Jeder Mensch wird umkehren müssen, sich läutern lassen, um am ewigen Hochzeitsmahl teilhaben zu können.

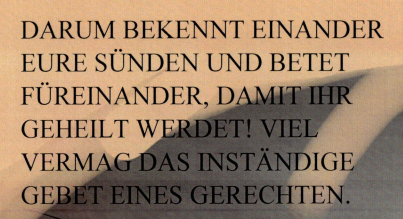

DARUM BEKENNT EINANDER
EURE SÜNDEN UND BETET
FÜREINANDER, DAMIT IHR
GEHEILT WERDET! VIEL
VERMAG DAS INSTÄNDIGE
GEBET EINES GERECHTEN.

JAKOBUS 5, 16

# ABENTEUER

Das Leben mit Gott ist ein riesiges Abenteuer. Bevor ich mich aufmache, sollte ich es entrümpeln. Was nicht mit einem christlichen Lebenswandel zu vereinen ist, muss ich loslassen. Was mich von Gott und den Menschen trennt, hat keinen Raum verdient. Es ist ein Akt der Liebe, dass ich Gottes Gebote halte.

Jeder Tag ist ein neuer Anfang, ein Versuch, mit Gottes Hilfe den Tag zu bestehen, ohne zu sündigen. Schaffe ich es nicht, kann ich Gott um Verzeihung bitten. Er wird meinem reuigen Herzen vergeben. Auch meine Schmerzen und Verletzungen darf ich vor Gott bringen. Er kann meine Seele heilen, wenn ich ihn darum bitte. Er allein gelangt in den tiefsten Grund meiner Seele und heilt, was verborgen und verwundet ist.

# UMKEHR

Umkehr ist der erste Schritt in ein Leben mit Gott. Ich verabschiede mich von meinen Götzen, von Dingen, die mir den Blick auf Gott verdecken oder mir zu viel Zeit rauben, mich nicht zur Ruhe kommen lassen. Umkehr ist die Entscheidung, meinem Leben eine neue Richtung zu geben, alles in einem umfassenden Zusammenhang zu betrachten. Umkehr ersetzt die Vision eines erfolgreichen Lebens durch die Vision eines dienenden Lebens.

Umkehr ist eine Tat, nicht Verschiebung auf einen späteren Zeitpunkt, der vielleicht nie kommen wird. Umkehr ist heute, jetzt, genau in diesem Moment möglich. Gott wartet auf diesen Schritt von mir und nimmt mich an der Hand. Umkehr befreit mich von der Illusion, dass ein Leben ohne Gott gelingen kann. Umkehr fordert mich auf, meine Komfortzone aufzugeben und selbstkritischer zu werden. Umkehr braucht Mut – den Mut, gegen den Strom zu schwimmen. Wer sich zu Jesus bekennt, überwindet damit seine Feigheit.

Umkehr geht meist einher mit einer Verlangsamung. Ich werde im Alltag Raum schaffen für die Zeit mit Gott. Wenn ich gefehlt haben, kann ich Buße tun. Ich bin durch Jesu Tod bereits erlöst und muss mir die Erlösung nicht stets neu verdienen, hingegen Gott und die Menschen, denen ich geschadet habe, um Verzeihung bitten.
Es gehört zur täglichen Routine, das eigene Gewissen zu erforschen. Wo stehe ich in meiner Beziehung zu Gott und meinen Nächsten? Was ist mir heute gut gelungen, was habe ich falsch gemacht?

WENN WIR UNSERE SÜNDEN BEKENNEN,
IST ER TREU UND GERECHT; ER VERGIBT
UNS DIE SÜNDEN UND REINIGT UNS VON
ALLEM UNRECHT.

1. JOHANNES 1, 9

# NEUER PSALM 5

*Der Friede ist immer bei Gott; *  
*er schließt den Frieden mit dem Nächsten mit ein.*  
    *Gut machen will ich zuerst wieder, *  
    *was ich meinem Nächsten angetan habe,*  
*bevor ich mich wage, *  
*Herr, dir vor die Augen zu treten.*  
    *Immer wieder verfalle ich in die gleichen Fehler, *  
    *fälle vorschnell ein Urteil über andere.*  
*Mein Misstrauen soll von mir weichen *  
*und Freundlichkeit von mir ausgehen.*  
    *Wer in Barmherzigkeit lebt, *  
    *kennt keine Empfindlichkeit und Enttäuschung.*  
*Er verschenkt sich ganz, *  
*freudig und mit ganzem Herzen.*  
    *Er tut es frei und unbekümmert, *  
    *ohne eine Gegenleistung zu erwarten.*  
*Wir wollen voneinander lernen, *  
*einander annehmen, wie wir sind.*  
    *Vor Gott dürfen wir schwach sein. *  
    *Er nimmt uns an mit unseren Fehlern.*  
*Aus allen Erdteilen ruft er uns herbei. *  
*Er nimmt uns freudig in seinen Dienst.*  
    *Alle sollen sich seiner Führung unterwerfen. *  
    *Sie sollen erkennen, dass Gott allein ihr Heil ist.*  
*Denn wahre Freiheit gründet im Herrn, *  
*seine Führung bewahrt vor Schaden.*  
    *Ehre sei dem Vater und dem Sohn *  
    *und dem Heiligen Geist;*  
*wie im Anfang, so auch jetzt und alle Zeit *  
*und in Ewigkeit. Amen.*

# NEUER PSALM 6

Zur Mittagszeit berge ich mich bei dir, *
finde Ruhe in der Betriebsamkeit des Tages.
    Umgeben von Hektik, Lügen und Süchten, *
    findet meine Seele bei dir Frieden.
Bei dir bin ich zärtlich geborgen. *
Ich schütte mein Herz vor dir aus.
    Die Nöte meiner Nächsten lege ich vor dich hin, *
    das Leiden der Zeit, das allein du heilen kannst.
Was gute Menschen mit Mühe aufgebaut haben, *
wird achtlos zertreten und muss weichen.
    Es zählt nur Profit und Macht, *
    was wenig abwirft, gilt als unnütz.
Du, Herr, siehst in alle Herzen *
und liest die verborgenen Gedanken.
    Du prüfst uns, entdeckst die Gerechten, *
    alle, die nicht nur sich selbst lieben.
Wer den Nächsten übertölpelt, *
geht nicht auf rechtschaffenem Weg.
    Und doch lässt du lange gewähren, *
    den, der Schaden anrichtet und andere verletzt.
In deinem Buch ist alles vermerkt. *
Wer redlich lebt, darf sich dir nahen.
    Du wirst die Spreu vom Weizen trennen *
    und jeder erhält seinen Lohn.
In deine ewige Heimat lädst du ein, *
den, der dir im Leben verbunden war.
    Ehre sei dem Vater und dem Sohn *
    und dem Heiligen Geist;
wie im Anfang, so auch jetzt und alle Zeit *
und in Ewigkeit. Amen.

WOHNT DENN GOTT WIRKLICH AUF DER ERDE? SIEHE, SELBST DER HIMMEL UND DIE HIMMEL DER HIMMEL FASSEN DICH NICHT, WIE VIEL WENIGER DIESES HAUS, DAS ICH GEBAUT HABE.

1. KÖNIGE 8, 27

# ALLTAGSPLANUNG
# MIT VERZICHT

Ein christliches Leben gelingt nicht, wenn ich planlos in den Tag hinein lebe und mich von äußeren Dingen umhertreiben lasse. Plane bewusst Gebetszeiten und Auszeiten ein, die oberste Priorität haben. Suche dir einen geeigneten, ruhigen Ort, eine Rückzugsmöglichkeit, wo du ungestört beten kannst. Lerne Dann, zur Ruhe zu kommen und die Stille zu ertragen. Du solltest in der Lage sein, Bewegungen zu verlangsamen sowie deine Arbeit in Etappen zu bewältigen. Es macht nichts, wenn du nicht alles mitbekommst, was um dich herum und in der weiten Welt passiert. Konzentriere dich auf deine Aufgaben und bleibe auch geistig präsent.

Entscheide müssen nicht sofort getroffen werden. Bei wichtigen Entscheiden lohnt es sich, sich zuerst sorgfältig zu informieren, verschiedene Meinungen einzuholen, darüber zu schlafen und alles mit Gott im Gebet zu besprechen. Klare Abmachungen helfen, in Beziehungen und Partnerschaften Missverständnisse zu vermeiden und Verletzungen vorzubeugen.

Bemühe dich uns um Verbindlichkeit, Pünktlichkeit und Zuverlässigkeit. Ein ehrliches, begründetes Nein ist besser als ein Vielleicht, welches falsche Hoffnungen wecken kann. Mit Versprechungen solltest du vorsichtig sein und zuerst die möglichen Konsequenzen abwägen. Die Bequemlichkeit zu überwinden, erfordert große Anstrengung und Disziplin. Getraue dich aber trotzdem, Fehler zu machen, und gestehe dir diese ein. Leben heißt auch lernen.

SUCHT ABER ZUERST SEIN REICH UND
SEINE GERECHTIGKEIT; DANN WIRD
EUCH ALLES ANDERE DAZUGEGEBEN.

MATTHÄUS 6, 33

# REIFEN

Als Christen sind wir Kinder Gottes. Wir dürfen uns an Maßstäben ausrichten, die weltliches Denken übersteigen. Die Ausrichtung umfasst nicht nur theologische Ethik wie soziales Handeln und moralische Normen; wir sind von Gott geliebt und verpflichten uns ebenso zur Nächstenliebe. Diese Grundhaltung wird genährt durch die Gebetsbeziehung mit Gott. Nur in und durch Gott können wir selbstlose Liebe und tiefen inneren Frieden erlangen.

Es ist unmöglich, innerlich zu reifen, ohne dass sich dies im alltäglichen Leben, bei der Arbeit und im Umgang mit allen Mitmenschen zeigt. Inneres Reifen durch die Beziehung mit Gott verändert unsere Wahrnehmung, Entscheide, Vorlieben, Zeitplanung, Kontakte, Konsumverhalten, Wünsche und Ziele.

Es geht nicht um Leistung und es besteht kein Zeitlimit. Wir müssen Gott nichts beweisen und können ihn nicht mit guten Taten beeindrucken. Dadurch können wir ohne Druck und Zwang Freiheit erfahren. Wende also den Blick von den zahlreichen wichtigen Dingen, die dich umgeben, hin zum Wichtigsten und alles Überdauernden, welches du nur in dir selbst finden kannst: Gott in seiner Allmacht und Liebe zu dir und allen Menschen. Nicht, um Gott einen Gefallen damit zu tun, sondern um deines Seelenheils willen, zu deinem Segen.
Reifen, sich von Gott verändern lassen, braucht viel Zeit, Jahre oder gar Jahrzehnte. Nimm dir die Zeit, die Gott dazu vorgesehen hat.

# LEBENSMODELL

Begabungen und Fähigkeiten sind ein Geschenk Gottes und sollen sich entfalten können. Dies nicht auf Kosten anderer, sondern im Einklang mit den Nächsten. Wir können lernen, auf die innere Stimme zu hören, die Stimme des Gewissens. Die Entfaltung der Persönlichkeit ist möglich, ohne egoistische Pläne zu realisieren. Wollen wir ein selbstbestimmtes oder gottbestimmtes Leben führen? Selbstverwirklichung ist eine Haltung, welche den Willen Gottes und die Bedürfnisse des Nächsten nicht in die Lebensplanung miteinbezieht. Ich mache mich frei von äußeren Einflüssen und Zwängen und führe ein Leben, wie es mir gefällt. Ich höre in mich hinein und frage mich: Was möchte ich? Wer möchte ich sein? Wie möchte ich leben? Ja, es gibt auch Selbstverwirklichung im religiösen Bereich.

Als Christen kennen wir einen Gegenentwurf zu diesem Lebensmodell: Wir lassen uns vom Heiligen Geist führen und versuchen, in allen Dingen den Willen Gottes zu erspüren und umzusetzen. Aufgabe eines christlichen Lebens ist es, immer besser nachzuvollziehen, was Jesus gesagt hat und wie er gelebt hat. Dies geschieht in der Überzeugung, dass das Leben mit dem Tod nicht zu Ende ist. Die Erlösung ist ein Angebot an alle Menschen. Dank Jesu Tod am Kreuz und seiner Auferstehung dürfen wir auf die Auferstehung nach dem Tod vertrauen. Es gibt keinen Unterschied zwischen Männern und Frauen, Kindern und Alten, Armen und Reichen oder zwischen den Völkern. Jeder Mensch macht Fehler, macht sich schuldig und begeht Sünden. Gott wird uns diese Sünden verzeihen, wenn wir sie aufrichtig bereuen.

DER BEISTAND ABER, DER HEILIGE GEIST,
DEN DER VATER IN MEINEM NAMEN
SENDEN WIRD, DER WIRD EUCH ALLES
LEHREN UND EUCH AN ALLES ERINNERN,
WAS ICH EUCH GESAGT HABE.

JOHANNES 14, 26

IHR WART EINST DARIN GEFANGEN, WIE ES DER ART DIESER WELT ENTSPRICHT, UNTER DER HERRSCHAFT JENES GEISTES, DER IM BEREICH DER LÜFTE REGIERT UND JETZT NOCH IN DEN UNGEHORSAMEN WIRKSAM IST.

EPHESER 2, 2

# CHRIST SEIN

Das Leben stellt Forderungen an uns. Da sind Aufgaben, die wir bewältigen müssen. Es wartet mit Schicksalsschlägen und Überraschungen auf, mit denen wir klarkommen müssen.

Die Mitte zu finden zwischen himmelhochjauchzend und zu Tode betrübt, ist eine stete Herausforderung: nicht zu viel erwarten, dann können wir auch nicht groß enttäuscht werden. Gleichzeitig müssen wir mit Nähe und Distanz umgehen lernen: sich ganz in eine Sache hineingeben, sich aber auch zurücknehmen und völlig loslassen können. Schließlich kommt es noch darauf an, mit welchem Maßstab wir messen.

Je perfekter ich sein möchte, umso toleranter sollte ich mit meinen Mitmenschen umgehen. Damit ich dem Gebot der Nächstenliebe entspreche, darf ich Andersdenkende nicht einengen oder ausgrenzen.

Als Christen können wir Unrecht nicht akzeptieren. Wir setzen uns für Gerechtigkeit, Wahrheit und Erhalt der Schöpfung ein. Im kirchlichen Leben müssen wir nicht mit allen und allem einverstanden sein.

In der Zugehörigkeit zur Kirche bin ich aber eingebettet in eine Gemeinschaft von Gläubigen, die meinen Glauben teilen und mittragen. Dies bestärkt mich, was mir beim Durchhalten eine Hilfe sein kann.

Mit meinem Körper gehe ich achtsam um, da er der Tempel Gottes ist. Ich achte auf meine Gedanken und versuche, in der Gegenwart, nicht in der Vergangenheit oder Zukunft zu leben. Christ sein ist ein lebenslanger Kampf gegen die Sünde, die ich nicht verharmlosen darf. Es gibt das Böse in der Welt und nicht alle Menschen haben sich lieb. Der Sünde und Versuchung zu widerstehen, ist anstrengend, braucht Säuberung und Läuterung.

# DER INNERE WEG

Es gibt viele Gründe, sich auf Gott einzulassen.
Es geht nicht nur darum, die innere Leere durch
Geborgenheit zu ersetzen, die uns gleichzeitig
auch Frieden schenkt.
Blicke aufs Kreuz Christi. Blicke danach vom
Kreuz nach oben und werde seiner und deiner
Auferstehung bewusst.

Der innere Weg ist ein Weg des Individuums.
Er ist ein sehr persönlicher Weg im Dialog mit
Gott, eine intime Beziehung mit dem Schöpfer.
Der innere Weg ist ein steiniger, ehrlicher Weg,
den wir nur langsam beschreiten können. Er ist
weder eine Rennstrecke noch eine Kurzstrecke mit
Blick auf das gleich vor mir liegende Ziel.

Vielleicht erlebst du Phasen großer Unruhe und
Ungewissheit und hättest gerne ein Licht auf
deinem Weg. Der innere Weg ist immer ein
unbekannter Weg durch die Dunkelheit, bei dem
du deine Hand in Gottes Hand legst, statt selbst
eine Laterne zu tragen, die dir den Weg erhellt.
Gottes Führung ist besser als ein Licht und
sicherer als jeder bekannte Weg.

DU GEHST
DEINEN WEG
NICHT ALLEIN.

# NEUER PSALM 7

*Wir beten für all jene, \**
*welche nicht beten können,*
    *weil sie dich nicht kennen \**
    *oder sich von dir abgewandt haben.*
*Wir beten für all jene, \**
*welche dich nicht mehr loben können,*
    *weil sie von dir enttäuscht sind, \**
    *da du ihre Bitten nicht erfüllt hast.*
*Wir beten für all jene, \**
*welche vor Krankheit nicht mehr beten können,*
    *weil Schmerzen sie ständig quälen, \**
    *sie keine Ruhe und Sammlung finden.*
*Wir beten für all jene, \**
*die ihre ganze Zeit mit anderen Dingen verbringen.*
    *Wir beten für all jene, \**
    *welche in Verpflichtungen verstrickt sind,*
*sich von Mitmenschen vereinnahmen lassen \**
*und keinen Raum mehr für sich und dich finden.*
    *Wir beten für all jene, \**
    *die sich vor dir fürchten,*
*denn die Schuldbeladenen glauben, \**
*dass du sie nicht mehr liebst.*
    *Wir beten für uns selbst und unsere Familien, \**
    *damit wir nichts Anderes dir vorziehen,*
*dass wir uns sehnen nach dem Gebet, \**
*nach der Zwiesprache mit dir, Herr und Gott.*
    *Ehre sei dem Vater und dem Sohn \**
    *und dem Heiligen Geist;*
*wie im Anfang, so auch jetzt und alle Zeit \**
*und in Ewigkeit. Amen.*

# NEUER PSALM 8

Meine Sprache, Herr, ist einsilbig, *
manchmal fehlen mir die Worte.
    Meine Melodie ist monoton, *
    manchmal fehlen mir die Töne.
Meine Gebete aber sind lauter *
und entspringen tiefer Demut.
    Vor dir verbeuge ich mich, *
    wie könnte ich sonst deiner Allmacht begegnen.
Mit Ehrfurcht nähere ich mich dir, *
du wirst dich meiner erbarmen.
    Du, Christus, bist durchs Leid gegangen, *
    hast unsere Schuld am Kreuz gesühnt.
Du hast ein Menschenleben durchgestanden; *
du leidest mit uns, stärkst und heilst.
    Schenk mir deine Sprache, Herr, *
    die heilig und vollkommen ist.
Schenk mir deine Melodie, *
welche das Herz mitreißt.
    Damit ich der Welt deine Taten verkünde, *
    deine Botschaft kraftvoll zu den Menschen trage,
in einer Sprache, die sie verstehen, *
mit Melodien, die bewegen.
    Dein ist die Kraft und die Herrlichkeit – *
    das soll jedes Wesen erkennen.
Alle mögen ihre Knie vor dir beugen *
und deinen heiligen Namen preisen.
    Ehre sei dem Vater und dem Sohn *
    und dem Heiligen Geist;
wie im Anfang, so auch jetzt und alle Zeit *
und in Ewigkeit. Amen.

# GOTT WIEDER BEGEGNEN

Vielleicht hast du den Kontakt zu Gott schon vor langer Zeit abgebrochen. Du hast dich in einem Leben ohne Gott gut eingerichtet und bist stolz auf das, was du selbst zustande bringst. Trotzdem fühlst du dich nicht ganz und weißt insgeheim, dass du trotz guter Werke der Erlösung bedarfst. Vielleicht bist du auch enttäuscht, dass dir das Leben mit Gott zu wenig Positives gebracht hat, dass du ihn nicht wahrnehmen kannst, und du hast dich deshalb von ihm zurückgezogen.

Du möchtest wieder einen Schritt auf Gott zugehen und einen Neuanfang mit ihm wagen? Du fühlst dich unsicher, fürchtest dich sogar vor Gott und weißt nicht, wie du mit ihm in einen Dialog treten sollst? Aller Anfang ist schwer, doch Gott erwartet dich nicht mit einem mahnenden Finger, sondern mit einem offenen Herzen.

Das erste Gebet könnte nur ein scheuer Blick nach oben sein oder ein Dank dafür, dass er dich niemals verloren gibt. Es ist auch denkbar, dass dein erster Kontakt wieder in einer Gruppe, Gemeinschaft oder in einem Gottesdienst stattfindet. Beim gemeinsamen Beten kann eine langsame Annäherung stattfinden, können Barrieren überwunden werden. Gemeinsam zeigen wir ihm einfach unsere ungeteilte Präsenz. Wir musizieren, lesen in der Bibel, beten für alle Nationen und verfolgte Christen. Wir bitten um Menschen, die in Jesu Nachfolge treten werden. Gemeinsames Gebet ist Lobpreis und Fürbitte, mit oder ohne Tränen der Rührung.

UND DARIN BESTEHT DAS ZEUGNIS,
DASS GOTT UNS EWIGES LEBEN
GEGEBEN HAT; UND DIESES LEBEN
IST IN SEINEM SOHN.

1. JOHANNES 5, 11

DIE TÜR ZU GOTT IST DAS GEBET.

# ZWIESPRACHE
# MIT GOTT

Alles Große, das Gott unter uns Menschen wirkt, beginnt im Kleinen und ist vom Gebet begleitet. Das Gebet besitzt die Kraft, uns innerlich umzuwandeln. Das Gebet darf keine Flucht vor dem Leben sein, keine Droge, mit der wir uns um die Realität des Lebens herumdrücken. Das Reich Gottes ist nicht von dieser Welt. Versuchen wir nicht, die Hand auf Gott zu legen, sondern erlauben wir Gott, seine Hand auf uns zu legen.

Es geht beim Beten nicht um ein Sich-Auflösen im All, sondern um Zwiesprache mit Gott. Unser Leben selbst bringt uns ins Gebet. Das Gebet soll keine Beschäftigung neben anderen sein, sondern Ausgangspunkt allen Handelns. Wo gebetet wird, findet eine Veränderung des Lebens statt. Das Gebet vermag den Geist von seiner Blindheit und den Willen von seinen schlechten Neigungen zu reinigen. Die Betrachtungen des Leidens Christi können dabei hilfreich sein. Durch Jesus Christus gelangen wir zu Gott Vater.

# WAHRES GEBET

Das wahre Gebet ist ein Sich-vor-Gott-Bringen. Es darf nicht verwechselt werden mit Meditation, die zwar der Sammlung dient, jedoch nicht den Dialog mit Gott sucht. Das Gebet besteht nicht in dem, was wir sprechen, sondern in dem, was Gott in uns tut, wenn wir es zulassen können. Ein wahres Gebet bewegt uns zur guten Tat und trägt im Alltag seine Früchte. Das Leben bekommt eine neue Dynamik, da wir aus dem Gebet viel Kraft schöpfen, die wir danach weiterschenken können. Wir werden wach für Gottes Gegenwart im Alltag. Die wachsende Sensibilität macht uns offen für das Sehen von Wundern und das Spüren menschlicher Nöte.

Die äußere soll der inneren Haltung entsprechen und von Ehrfurcht und Demut geprägt sein. Wir können uns mit wenigen Worten begnügen und uns einfach in Gottes Händen geborgen fühlen.

Das Vaterunser hilft uns, in ein persönliches Gebet zu kommen. Wir können auch ein anderes kurzes Gebet sprechen, welches uns berührt und unsere Gefühle ganz auf Gott hinlenkt. Oder wir sprechen mehrmals den Namen 'Jesus' aus und verharren dann schweigend, horchend. Bitten wir Gott um etwas, wollen wir ihn auch loben und preisen. Wir danken ihm für alles, was wir im Leben erfahren.

Beim kontemplativen Gebet nehmen wir Abstand zu unseren Alltagsgedanken und versuchen, diese völlig loszulassen. Es ist ein gleichzeitiges Loslassen der Welt und eine Konzentration auf Gott. Die Kontemplation führt zu einer sehr innigen, tiefen Beziehung zu Gott.

WER SEINE SÜNDEN VERHEIMLICHT,
HAT KEIN GLÜCK, WER SIE BEKENNT
UND MEIDET, FINDET ERBARMEN.

SPRICHWÖRTER 28, 13

# BEHARRLICHKEIT

Ein gewähltes Gebet sollte über einen längeren Zeitraum hinweg gebetet werden, damit es Teil von uns wird und unsere Seele sich darin vertiefen kann. Diese Kontinuität ist wichtig, sonst bleibt das Gebet nur eine fromme Beschäftigung. Trotz schöner Gebetserfahrungen bleibt das Gebet über lange Zeit ein Kampf, ein Ringen um die Erkenntnis des Willens Gottes, ein Durchhalten in schwierigen und trostlosen Zeiten. Erst allmählich wird die Seele ruhiger und gleichzeitig reiner.

Beten wir zu festen Zeiten am Morgen und Abend, an einem bestimmten Ort, nach klar strukturiertem Gebetsablauf. Tagsüber können wir – wo immer wir uns gerade befinden – kurze Gebete sprechen oder singen: Stoßgebete, Dank, Lob, eine Bitte. Vergessen wir nicht, regelmäßig ganz still zu werden, und lassen wir Gott zu Wort kommen.

Wenn ich eine göttliche Eingebung erhalte, ist diese immer Gnade und gleichzeitig Verpflichtung, mich in der Nachfolge Christi zu bewähren und mich auch mitmenschlich zu engagieren.

DU KANNST NICHT GOTT
UND DEM SMARTPHONE
DIENEN.

# EINSAMKEIT
# UND VERZWEIFLUNG

Keine noch so innige menschliche Vertrautheit vermag mich ganz zu erfüllen. Es bleibt ein Stück Einsamkeit in mir. In dieser Einsamkeit kann und will mir Gott begegnen und mich trösten. In dieser Einsamkeit reift die Sehnsucht nach einer tiefen Geborgenheit in Gott, einer Geborgenheit, die über den Tod hinausgeht. Frömmigkeit ist ein Suchen und Lauschen, da Gott nur im Verborgenen und in der Stille zu finden ist.

Die meisten Menschen kommen im Verlaufe des Lebens an einen Punkt, wo sie nicht mehr weiter wissen, wo das Leben keinen Sinn mehr macht, wo die Hoffnung versiegt. Vielleicht ist dies der Moment, wo ich wieder ganz vorne beginnen und aus den letzten Scherben meines Vertrauens wieder ein neues Ziel zusammensetzen muss. Vielleicht habe ich das Glück, dass mir ein einfühlsamer Mensch dabei hilft, mir geduldig gut zuredet und mich ein Stück auf meinem Weg begleitet.

Kein Mensch ist vor einer Krise und Verzweiflung geschützt. Vielleicht passiert es gerade im Moment tiefster Verlassenheit, in welchem du Gottes leise Stimme deutlich vernehmen kannst und ganz neu vertrauen lernst.

DENN WELCHER MENSCH KANN
GOTTES PLAN ERKENNEN ODER WER
BEGREIFT, WAS DER HERR WILL?

WEISHEIT 9, 13

# NEUER PSALM 9

*Meine Seele hungert nach Weite, \**
*nach des Noch-nicht-Geschauten Glanz,*
     *nach der Wirklichkeit deines Geheimnisses, \**
     *dem Land der Lebendigen.*
*Manchmal ahne ich deine Logik, \**
*spüre für einen Moment deine Gegenwart.*
     *Ich verstehe die Wende einer Situation, \**
     *erkenne den tieferen Sinn deines ewigen Wortes.*
*Und im nächsten Augenblick \**
*bleibst du mir wieder verborgen,*
     *weit weg, in unerreichbarer Höhe, \**
     *unnahbar, schweigend.*
*Wer bin ich, dass du mich beachtest? \**
*Was habe ich, dass du mit mir sprichst?*
     *In der Stille begegne ich dir, \**
     *langsam komme ich dir näher.*
*Auf dem Pfad der Liebe \**
*gehe ich bedächtig dir entgegen.*
     *Du ziehst mich an dein Herz, \**
     *willst mich halten für immer.*
*Lob und Ehre bringe ich dir entgegen. \**
*Mein Gott, vor dir knie ich nieder.*
     *In deine Liebe will ich mich verlieren \**
     *und möchtest du mich wiegen wie ein Kind.*
*Herr, dir gehört Zeit, Raum und Ordnung. \**
*In deinen Plan ist alles eingebunden.*
     *Ehre sei dem Vater und dem Sohn \**
     *und dem Heiligen Geist;*
*wie im Anfang, so auch jetzt und alle Zeit \**
*und in Ewigkeit. Amen.*

# NEUER PSALM 10

*Wenn die Jahre ihre Spuren hinterlassen, ***
*wenn ich alt und kraftlos bin,*
    *komm mir zuvor mit deinem Erbarmen ***
    *und schau in Milde auf mich herab.*
*Führe mich mit festem Griff. ***
*Lehre mich, loszulassen meine Wünsche,*
    *Fähigkeiten, Ziele, ***
    *und bescheiden zu werden.*
*Sicheren Boden gibst du mir, ***
*allmächtiger, unwandelbarer Gott.*
    *Unmögliches wird für Glaubende wahr, ***
    *der Tod verliert seine Bedrohung.*
*Christus hat alle Grenzen überwunden, ***
*alle Ketten und Fesseln gesprengt.*
    *Mit einem Lächeln möchte ich altern, ***
    *vertrauensvoll annehmen, was du mir gibst.*
*Aus den Wurzeln des Glaubens ***
*kann ich neue Kraft schöpfen.*
    *Hoffnung und Zuversicht wachsen, ***
    *auch wenn meine Beine vor Schwäche zittern.*
*Ich lebe mit dir und dir entgegen. ***
*Der Zauber dieser Welt verblasst.*
    *Wer stirbt, lebt neu in Gott, ***
    *als hätte es nie Sünden gegeben.*
*In dir finde ich die ganze Welt geballt, ***
*du bist und bleibst mir alles.*
    *Ehre sei dem Vater und dem Sohn ***
    *und dem Heiligen Geist;*
*wie im Anfang, so auch jetzt und alle Zeit ***
*und in Ewigkeit. Amen.*

HERR, BEI DIR HABE ICH MICH
GEBORGEN. LASS MICH NICHT
ZUSCHANDEN WERDEN IN EWIGKEIT;
RETTE MICH IN DEINER GERECHTIGKEIT!

PSALM 31, 2

# SCHWIERIGKEITEN

Das Leben eines Christen kennt nicht nur Sonnenschein. Es gibt Wüstenzeiten, in denen Gott verschwunden scheint und wir ihn nicht mehr wahrnehmen können. In unserem Herzen kann sich eine Leere ausbreiten. Wir fühlen uns hilflos, verlassen, und neuer Schmerz kann alte Wunden berühren.

Vielleicht komme ich auch nicht zur Ruhe oder kann aus anderen Gründen nicht mehr beten. Zu enge Glaubensdogmen können Fragen aufwerfen, die mich an meiner Religion zweifeln lassen. Vielleicht schaffe ich es nicht, Vergangenes loszulassen, mich mit Menschen und meiner Geschichte zu versöhnen, und fühle mich deshalb als Versager.

Das Leben muss auch mit Gott nicht einfach sein. Es darf Fragen aufwerfen und mich zum Nachdenken anregen. Wiederholtes Scheitern ist erlaubt und macht mich dadurch umso demütiger. Im Gespräch mit anderen Christen, in einem vertraulichen Beichtgespräch oder beim Lesen in der Bibel finde ich vielleicht eine Antwort oder einen Hinweis, wie ich mich in der aktuellen Situation verhalten soll. Vergiss nie: Ohne Wüste gibt es kein Glück der Oase.

Bei Versuchungen hilft es, bei Gott Zuflucht zu suchen. Es kann auch helfen, sich durch eine sinnvolle Arbeit von lästigen oder bösen Gedanken abzulenken. Wenn du trotzdem einer Versuchung nicht widerstehen kannst, solltest du deshalb nicht verzagt sein, sondern immer wieder einen neuen Anfang wagen – alles in Ruhe, ohne Hast und Verwirrung.
Von Zeit zu Zeit ist eine gründliche Gewissenserforschung unerlässlich, um auf dem spirituellen Weg voranzukommen.

# GOTT

Vor Gottes Größe verstummt selbst der Lobgesang.
Unser lautes Beten, Singen und Danken gehen über in
ein Staunen und Schweigen, sobald wir die göttliche
Gegenwart wahrnehmen. Dem großen Geheimnis kann
man nur lauschen, es nicht übertönen. Ehrfurcht drückt
dieses Gefühl des Staunens über die Größe Gottes aus.
Gott ist ein verborgener Gott. Er will sich und seine Liebe
verschenken. Er hat alles in eine Ordnung gelegt, die wir
nicht begreifen können. Gott allein ist perfekt. Besonders
den Armen, Schwachen und Demütigen ist er nahe.

Jesus Christus ist Mensch und Gott zugleich. Als Gottes
Sohn lebte er in dieser Welt, war aber nicht von dieser
Welt. Nach seiner Himmelfahrt hat er uns den Heiligen
Geist als Beistand gesandt. Von ihm dürfen wir uns führen
lassen, seinen Eingebungen vertrauend folgen. Was er uns
zu tun anleitet, ist nicht nur für uns selbst das Richtige,
sondern auch zum Wohle unserer Nächsten. Gottes Geist
tränkt unseren Glauben und ruft uns auf, das Leben zu
verändern und immer wieder neu zu gestalten. In Gottes
Geist steckt Kreativität und Lebensmut.

Gott muss nicht unseren Erwartungen entsprechen und
nicht unsere Wünsche erfüllen. Vielmehr sollten wir uns
darum bemühen, seinen Willen zu erkunden und zu tun.

WER BEKENNT, DASS JESUS DER
SOHN GOTTES IST, IN DEM BLEIBT
GOTT, UND ER BLEIBT IN GOTT.

1. JOHANNES 4, 15

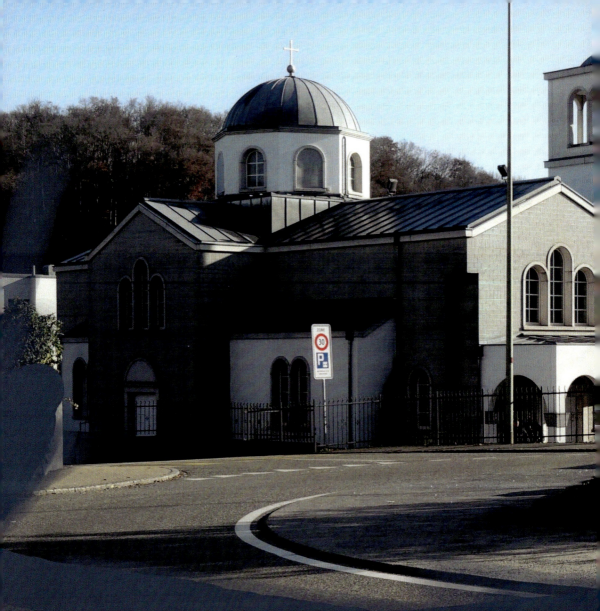

WENN ALSO JEMAND IN CHRISTUS IST,
DANN IST ER EINE NEUE SCHÖPFUNG:
DAS ALTE IST VERGANGEN, SIEHE,
NEUES IST GEWORDEN.

2. KORINTHER 5, 17

# GNADE

Gottes Gnade ist frei und unverdient, ein Geschenk an uns Menschen. Es ist die Gnade der Erlösung und Rettung, die allen verheißen ist, die sich zu Jesus Christus bekennen. Dank dieser Gnade können wir in eine liebende Beziehung zu Gott kommen. Die Gnade erneuert uns. Wir sind wiedergeboren im Heiligen Geist.

Die Liebe Gottes, die uns ins Herz gelegt wurde, soll nun in uns wachsen, damit sie voll zur Entfaltung kommt. Dafür braucht es einen Lebensstil, der Gottes Gebote beachtet. Letztlich ist es ein Streben nach vollkommener Heiligung. Das ist ein langer Prozess, der eine Läuterung und die Überwindung des Ich verlangt. Es ist der Weg, den Christus durch Leiden und Tod gegangen ist. Am Ende dieses Weges steht die siegreiche Auferstehung, die Heimkehr zum Vater als Geheiligte.

Wenn du schon in diesem Leben heilig werden willst, musst du treu den Weg des Glaubens gehen, auch wenn du dafür von anderen verspottet oder verfolgt wirst.

# DEN ALLTAG MEISTERN

Der Alltag ist die große Herausforderung, sich als Christ zu bewähren. Die nachfolgenden Tipps können dir hilfreich sein:

- mein Leben als Geschenk und Chance annehmen
- mich selbst spüren und kennenlernen
- in der Gegenwart leben
- mich öffnen und das Leben zulassen
- an meinen eigenen Begrenzungen nicht verzweifeln
- dankbar sein und die Gaben der Schöpfung schätzen
- bescheiden leben, verschenken statt besitzen
- kleine Entwicklungsschritte wählen, um nicht zu straucheln
- mir Zeit nehmen, keine Wunder erwarten
- mit dem Herzen denken, nicht nur mit dem Verstand
- nur Chancen nutzen, die mit dem Glauben vertretbar sind
- meine eigene Macht nicht ausnutzen
- mich von guten Menschen inspirieren lassen
- mich nicht über böse Menschen ärgern, sie nicht verurteilen
- aus eigenen und fremden Fehlern lernen
- Verantwortung übernehmen und ein Vorbild sein
- Zeuge der Liebe sein
- in der Bibel lesen
- mich mit der eigenen Konfession auseinandersetzen
- den Sonntag heiligen
- Kirchenfeste feiern
- christliche Werte verteidigen
- Gott gefallen, statt Likes sammeln
- eine Kommunikation pflegen, die alle erbaut
- meinen Glauben in der Kindererziehung weitergeben
- Freude und Humor nicht vergessen
- mich nicht so wichtig nehmen

WAS NÜTZT ES, MEINE BRÜDER UND SCHWESTERN, WENN EINER SAGT, ER HABE GLAUBEN, ABER ES FEHLEN DIE WERKE? KANN ETWA DER GLAUBE IHN RETTEN?

JAKOBUS 2, 14

# DIENEN UND VERKÜNDIGUNG

Christen sind zum Dienen berufen. Alles soll zur Ehre Gottes und zum Wohle des Nächsten getan werden. Wir müssen keine Kraftakte vollbringen. Kleine Gelegenheiten, Gott zu dienen, gibt es immer. Wir verschenken uns, ohne einen Dank zu erwarten. Wir sollen barmherzig sein und versuchen, Brücken zwischen den Menschen zu bauen. Gott erwartet von uns keine großen Opfer, an denen wir zerbrechen könnten. Verzicht und Fasten können uns aber helfen, unseren Geist zu schärfen und die Seele zu läutern.

Christen tun nicht gleich alles, was ihnen in den Sinn kommt und gerade Spaß macht. Sie prüfen sich selbst und ihre Gesinnung an moralischen und christlichen Maßstäben. Das Leben wird dadurch nicht traurig und fad, sondern intensiv, befriedigend und gehaltvoll. Wenn wir unseren Glauben mit guten Werken nähren, unsere Mitmenschen lieben, verspüren wir dabei ein gutes Gefühl. Ohne Liebe wäre der Glaube nur ein leeres Gefäß. Im Vertrauen auf Gottes Beistand können wir in gleichmütiger Gelassenheit allen dienen und uns selbst ebenfalls annehmen und lieben.

In der Verkündigung des Evangeliums und dem Bekenntnis zu Jesus Christus geht es nicht um Selbstdarstellung, Profit oder Anerkennung. Überzeugtes Auftreten soll mit Bescheidenheit gepaart sein. Die Demut kann uns als Regler dienen, um nicht vor lauter Eifer für Gottes Sache zu übertreiben und dadurch dem Bösen zu verfallen. Wir können Gott überall dienen und ihn bei allen Menschen verkündigen. Dafür müssen wir keine weiten Reisen auf uns nehmen. Wenn jeder Christ an seinem Platz seine Aufgabe wahrnimmt, wird die Welt heller und liebevoller. Gott lässt sich überall suchen und an jedem noch so tristen Ort finden.

LASST UNS NICHT MÜDE WERDEN, DAS GUTE ZU TUN; DENN WENN WIR DARIN NICHT NACHLASSEN, WERDEN WIR ERNTEN, SOBALD DIE ZEIT DAFÜR GEKOMMEN IST.

GALATER 6, 9

# NEUER PSALM 11

*Engelchöre preisen dich, ***
*einstimmen will ich in ihren Gesang.*
*Meinem Gott will ich widmen mein Lied, ***
*und meiner Freude entspringt die Melodie.*
*Ich will ein Lied meinem König singen, ***
*auf der Flöte will ich ihm spielen.*
*In Ehrfurcht spreche ich seinen heiligen Namen aus, ***
*vor seiner Allmacht stockt mir der Atem.*
*Mein Herz geht über voll Verzückung, ***
*mit tausend Worten möchte ich ihm danken.*
*Alle Kreatur muss sich vor ihm verneigen, ***
*das ganze All ist in seinen Händen wie Wachs.*
*Nichts kann sich vor ihm verbergen, ***
*er wacht über die ganze Schöpfung.*
*Du, Herr, bist der Urquell meiner Freude, ***
*der Seele Brunnen, der nie versiegt.*
*Mein Herz schwingt mit bei jedem Ton ***
*und kann nicht fassen so viel Glück.*
*Ich will es halten in den Händen, ***
*sorgsam es hüten und bewahren.*
*Über deine Weisung denke ich nach, ***
*ändere, wenn nötig, meine Meinung,*
*und hoffe, dass du mich ermahnst, ***
*wenn ich in eine falsche Richtung laufe.*
*Ewiger Gott, du bist mir alles, ***
*Sinn und Antrieb und Erfüllung.*
*Nie mehr will ich deine Nähe missen, ***
*allzeit geborgen zu sein in dir ist mein Trost.*
*Ehre sei dir, dem alleinigen Herrn! ***
*Die Erde jauchze und lobe deinen Namen. Amen.*

# NEUER PSALM 12

*Herr, allmächtiger Gott, \**
*Schöpfer des Himmels und der Erde,*
> *der du allein heilig und weise bist. \**
> *Ehre sei dir allein, Herrscher über alle Welt.*
*Deine Allgegenwart erfüllt das All. \**
*Nichts Gutes geschieht ohne deinen Segen.*
> *Seit Jahrtausenden wachst du über uns. \**
> *Du allein bist würdig, angebetet zu werden.*
*Ich preise dich für deine Barmherzigkeit, \**
*die sich in deiner Vaterliebe zeigt.*
> *Ich danke dir für Jesus Christus, \**
> *der mir wahres Leben schenkt.*
*Ich lobe dich für den Heiligen Geist, \**
*der mich leitet, führt und berät.*
> *Bis zum heutigen Tag hast du mich getragen \**
> *und wirst es bis in alle Zeiten tun.*
*Für dich ist nichts unmöglich \**
*und grenzenlos ist deine Barmherzigkeit.*
> *Halte du mich fest. \**
> *Festhalten will ich mich an dir.*
*Herr, offenbare dich mir jeden Tag neu – \**
*wer du bist und wie du bist.*
> *Herr, lass mich immer wieder bei dir zur Ruhe kommen, \**
> *den Tag mit dir beginnen und beenden.*
*Als dein Zeuge will ich Farbe bekennen \**
*und ein Zeichen der Hoffnung für andere sein.*
> *Mein letztes Gebet sei ein großer Dank, \**
> *wenn ich meinen Geist in deine Hand lege.*
*Ehre sei dir, dreieiniger Gott, \**
*der du herrschst auf immer und ewig. Amen.*

# OFFENE FRAGEN

Nein, wir wissen nicht, warum Gott das Leid zulässt. Das größte Leid, welches es auf der Welt gibt, fügen wir einander gegenseitig zu. Wir leben weder im Paradies noch im Himmel. Hier kann das Böse sich ungehindert ausbreiten, wenn wir ihm nicht selbst Einhalt gebieten. Das Leid, so schlimm es ist, hat auch eine gute Seite: Ich werde mitfühlender und zum Helfen motiviert. Das lenkt den Blick von meiner eigenen Person auf andere, denen es schlechter geht als mir. Gäbe es kein Leid und keine Sorgen, würde ich mich dann nach Gott und dem Himmelreich sehnen?

Wir verstehen Gottes Pläne mit uns Menschen nicht. Aus erlittenem, überstandenem Leid sind wir vielleicht reifer und weiser geworden. Es kann sein, dass wir plötzlich einen Sinn darin sehen oder durch das Leid vor noch größerem Übel bewahrt wurden. Bitten wir Gott deshalb nicht um die Lösung eines Problems, sondern um Einsicht, Nähe, Kraft und seinen Beistand!

Das Leben ist völlig ungerecht. Talente und Gebrechen scheinen wahllos verteilt zu sein. Einige sterben jung, andere erst hochbetagt. Die Liste lässt sich beliebig weiterführen.

Für Gott ist nichts unmöglich. Er wird all diese Ungerechtigkeiten ausgleichen, wenn die Zeit gekommen ist.

DIE STILLE IST
DER ZUFLUCHTSORT
DEINER SEELE.

ER IST DAS HAUPT,
DER LEIB ABER IST DIE KIRCHE.

KOLOSSER 1, 18

# WIR SIND ERLÖST!

Die Feier der Eucharistie oder des Abendmahls ist Mittelpunkt der christlichen Religion. Es ist wichtig, regelmäßig daran teilzuhaben. Wenn dies nicht direkt möglich ist, können wir wenigstens im Geiste daran teilnehmen. Die Sakramente gehören zum gemeinschaftlichen, religiösen Leben und können uns die Nähe Gottes in besonderer Weise spüren lassen. Durch die Taufe verbinden wir uns mit Christus und werden wir in die Gemeinschaft der Gläubigen aufgenommen.

Irren ist menschlich und sündigen liegt in unserer Natur. Auch trotz größter Anstrengung werden wir nicht schuldlos leben können. Wenn wir Gott unsere Verfehlungen gestehen, von Herzen bereuen und ihn um Vergebung bitten, wird er uns niemals zurückweisen. Durch den Kreuzestod Jesu sind wir erlöst und dürfen uns selbst auch verzeihen.

Christen müssen nicht ohne Hoffnung sterben. Wer sich zu Gott bekennt, dessen Seele bedarf wahrscheinlich noch der Reinigung, doch er wird nicht für immer von Gott getrennt sein und in die Hölle kommen, an den Ort der totalen Abwesenheit von Liebe. Wo Gottes reine Liebe spürbar wird, verlieren Satan und das Böse ihre Anziehungskraft. Am Ende der Zeiten, wenn Christus wiederkommt und die Erlösten richtet, dürfen wir Gott in seiner Herrlichkeit mit einem neuen Leib anbeten.

# ZUKUNFT DER WELT

Wir brauchen eine von Angst befreite, neue Wirklichkeit. Dazu müssen wir Menschen mit einer inneren Sicherheit ausgestattet sein und uns geborgen fühlen. Wer Gott zum Begleiter wählt, kann aus diesem Geliebtsein Zuversicht schöpfen. Die Liebe Gottes vertreibt die Angst. Freude macht sich in meinem Herzen breit, Freude über die Erlösung und Dankbarkeit für alles Gute, das ich erlebe.

Wir können die Welt durch Vergebung überwinden und Brücken der Liebe vom Ich zum Du bauen. Die Spaltung der Kirchen lässt sich mit Worten erklären, jedoch nicht mit dem Herzen verstehen. Grenzen setzen wir im Kopf. Mögen wir von Gottes heiligem und heilendem Geist erfasst werden, damit wir vermehrt mit dem Herzen statt mit dem Verstand denken und handeln!

Das Kreuzzeichen ist ein Glaubensbekenntnis. Christen denken über den Tod hinaus und vertrauen darauf, dass sie nach dem Sterben nicht ins Nichts fallen. Sie suchen keine Patchwork-Religion aus christlichen, fernöstlichen und esoterischen Elementen. Sie werden sich nicht von Stimmen aus der geistigen Welt, außerirdischen und magischen Dingen irritieren lassen, sondern sich auf Christus und Werke der Liebe konzentrieren, um im Himmel den verheißenen Lohn zu empfangen.

ICH BIN DAS ALPHA
UND DAS OMEGA,
SPRICHT GOTT,
DER HERR, DER IST
UND DER WAR
UND DER KOMMT,
DER HERRSCHER
ÜBER DIE GANZE
SCHÖPFUNG.

OFFENBARUNG 1, 8

# ERFÜLLUNG FINDEN

Spiritualität muss alle Lebensbereiche erfassen. Immer wieder sollten wir neue Wege wagen, neue Aufgaben in Angriff nehmen, damit wir nicht versteinern und intolerant werden. Gottes Geist weht, wo er will und wohin er uns haben will. Seine treibende Kraft begleitet uns auf dem Weg hin zur Vollkommenheit. Vielleicht dürfen wir im Verlaufe unseres Lebens schon Gotteserfahrungen machen. Für den Mystiker wird Glaube zur Gewissheit. Er weiß, dass es Gott gibt. Es ist auch möglich, dass Gott uns zu einem besonderen Dienst in Jesu Nachfolge beruft. Sein Wort hat ewig Gültigkeit, auch wenn die Sprache sich über die Jahre verändert.

Als Christen sollen wir das Salz der Erde sein. Ein Leben ohne Glauben ist wie ein Brot ohne Salz. Es schmeckt fade und langweilig. Wenn wir aus religiösen Gründen angefeindet werden, zeigt dies, dass wir gute Zeugen sind.

Wer auf Gottes Wegen mit Leidenschaft und Mut beharrlich, geduldig und langsam vorwärtsschreitet, gelangt aus dem Dunkel ins Licht, aus der Sehnsucht in die Erfüllung. Liebe siegt über alle Zweifel, Vertrauen über die Ungewissheit, Hoffnung über die Angst. Liebe will sich verschenken. In diesem Glauben darf ich mich von Gott segnen und senden lassen. Das Holz des Kreuzes wird mich tragen, damit ich in den Stürmen der Welt nicht untergehe.

ERFÜLLUNG
OFFENBART SICH
IM SCHWEIGEN.